Inhalt

Vorwort 03

Die goldenen Schnitzregeln 04

So geht's 06

Übung macht den Meister 08

Easy!

Erste Einsteigermodelle für Schnitz-,
Fahrten- und Taschenmesser 10

Ulis Kuli 12

Klettermaxe 14

Was für ein Lärm! 16

Messerscharf!

So schnitzt du mit
dem Schnitzmesser 18

La Perla 20

Petri heil! 22

Vogelfrei 26

Attacke! 28

Hammerhart!

2D-Ideen für Knüpfel und
Stecheisen 30

Sternstunde 32

Megamagnet 34

Beeindruckend! 36

Geheim! 38

Bildgewaltig

3D-bildhauern wie die Profis 42

Torjäger 44

Kaperfahrt 46

Raubkatzenalarm! 50

Stammplatz 54

Kassiopeia 56

Piratenschmuck 58

Vorlagen 60

Buchtipps für dich 63

Impressum 64

Vorwort

Du sitzt gerne abends mit deinen Freunden am Lagerfeuer, grillst Würstchen und erzählst Gruselgeschichten, aber es fehlt noch etwas, um alles perfekt zu machen? Natürlich, das Schnitzen! Ich werde dir Schritt für Schritt zeigen, wie du auch schon als Anfänger super Schnitzereien zustande bringst. Bevor wir uns ans Schnitzen machen, lernst du die wichtigsten Werkzeuge kennen und ich erkläre dir, wie man das eigene Schnitzmesser schleift. Ob Vogel, Schwert oder Boot – du wirst sie bald alle ganz allein schnitzen können!

Seit 20 Jahren schnitze ich und gebe darin Kinderkurse. Die spannendsten Ideen aus diesen Kursen habe ich in diesem Buch für dich zusammengestellt. Schnitzen ist eher ein feinmotorisches Arbeiten, Bildhauern dagegen eher grobmotorisch. Manchen Kindern entspricht eher das eine und anderen das andere. Daher lernst du hier einfach beides. Der Schwierigkeitsgrad steigt kontinuierlich im Verlauf des Buches an: Übung macht den Meister!

Also, pack's an!

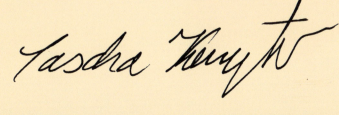

Die goldenen Schnitzregeln

1 Schnitzwerkzeuge sind sehr scharf. Gehe also vorsichtig mit ihnen um! Renne nicht mit einem Werkzeug in der Hand. **Wenn du schnitzt, sitzt du.**

2 Zu hartes oder zu astreiches Holz ist für Anfänger nicht geeignet. **Wähle dein Material entsprechend deinem Können aus;** halte dich am besten an die Empfehlungen in der Materialliste.

3 **Dein Werkzeug muss scharf sein.** Stumpfes Werkzeug macht das Schnitzen schwieriger und gefährlicher, da du beim Arbeiten mehr Kraft aufwenden musst und dadurch leichter abrutschen kannst. Deine Werkzeuge bleiben schön scharf, wenn du mit ihnen nicht trommelst oder sie in die Erde rammst.

4 Wenn du deine Werkzeuge selbst von Hand schleifst, **schleife nur das absolut Notwendige** (siehe Seite 6).

5 **Schnitze von deinem Körper weg,** nicht zu dir hin. Achte auf genügend Abstand, wenn du mit anderen zusammen schnitzt. Pass dabei auf deine Hände und Schenkel auf.

6 Du solltest beim Schnitzen zu deiner eigenen Sicherheit **Schnittschutzhandschuhe tragen.** Du musst natürlich dennoch gut aufpassen, denn die Handschuhe schützen zwar vor Schnitten, aber nicht vor Stichwunden.

7 **Dein Schnitzmesser ist keine Waffe,** sondern ein Werkzeug. Wenn du ein Werkzeug nicht mehr brauchst, räume es auf, damit es nicht im Weg herumliegt. Am besten wählst du einen sicheren, trockenen Ort für deine Werkzeuge. So werden die Werkzeuge vor Rost geschützt und andere können sich nicht daran verletzen.

Hier zeige ich dir nochmal in einem Film, wie alle Basics gehen:

http://www.topp-kreativ.de/schnitz-mit-5684.html

So geht's

Der kleine Unterschied
„Schnitzen" bezeichnet das Arbeiten mit Messern, also einem Taschenmesser oder einem richtigen Schnitzmesser. Beim Schnitzen sitzt man. Dabei hältst du in der einen Hand das Messer und in der anderen das Holz. Man schnitzt vor allem Äste und kleinere Holzstücke auf diese Weise. Messerscharf!

„Bildhauern" bezeichnet das Arbeiten mit Bildhauereisen und Knüpfel, dem klobigen Holzhammer. Hierbei ist das Holz immer fest eingespannt, sodass es nicht verrutscht. Beim Bildhauern stehst du und kannst daher mit wesentlich mehr Kraft arbeiten. Hammerhart!

Holz
Du kannst viele Materialien schnitzen, beispielsweise Äpfel, Kartoffeln, Knochen, Karotten oder Seife. Übe zuerst die Basics an einer Karotte (siehe Seite 8), dann erst kannst du dich an Holzschnitzereien wagen. Anfänger sollten mit weichen Laubhölzern beginnen. Linde, Weide, Kastanie, Pappel, Birke und Erle eignen sich also gut. Haselnuss ist zwar recht hart, aber dafür sind der gerade Wuchs und die schöne Rinde geradezu ideal fürs Messerschnitzen. Wenn du Zugang zu Modellbauresten hast, kannst du auch mit einem Stück Balsaholz beginnen. Nadelhölzer sind wegen des Harzes, der vielen Äste und der Eigenschaft, leicht zu splittern, nicht so geeignet.

Das perfekte Holz
Muss mein Holz trocken sein? Nein, das Gegenteil ist der Fall. Frisches, nasses Holz lässt sich viel leichter und schöner bearbeiten! Um ein Reißen der fertigen Werke beim Trocknen zu verhindern, sollten die fertigen Werkstücke langsam an einem kühlen Ort für drei Wochen durchtrocknen. Schlage sie dazu in ein Tuch ein.

Woher bekomme ich Holz?
Da es generell untersagt ist, Äste, Bäume und Büsche in öffentlichen Parks oder auch im Wald abzusägen, solltest du in privaten Gärten sammeln oder vorab den Gärtner um Erlaubnis bitten. Um dickere Äste (beispielsweise von einem gefällten Baum) abzusägen, ist eine Klappsäge für Frischholz geeignet. Mit dieser sollte aber nur ein **Erwachsener** umgehen. Notfalls lohnt sich der Gang zum Baumarkt oder du fragst beim örtlichen Schreiner nach einem Rest.

Absägen eines Astes
Wenn du in der Natur unterwegs bist und an der Seite deines **erwachsenen Assistenten** einen Ast absägen möchtest, stellst du dich mit dem Fuß auf den Ast. So ist dieser gut fixiert und du kannst ihn sicher absägen. Bist du in der Werkstatt, spannst du ihn mit Schraubzwingen fest oder fixierst ihn zum Sägen an deiner Werkbank.

Farbe
Du kannst deine Schnitzkunstwerke mit allem bemalen, was du im Kinderzimmer findest: Filz- und Buntstifte, Wasserfarben, Marker, Ölkreiden oder Wachsmalfarben malen auf Holz. Wenn du wetterfeste Objekte gestalten möchtest, dann solltest du Acrylfarbe verwenden oder deine Bemalung mit Klarlack fixieren.

TIPP
Sitzen und schnitzen: Setze dich breitbeinig hin und halte den Ast zwischen den Beinen. Schnitze von dir und der Hand, die den Ast hält, weg. Ziehe an die Hand, die das Holz hält, einen Schnittschutzhandschuh an.

Schärfe ist Sicherheit
Mit scharfen Werkzeugen verringert sich der Kraftaufwand und auch das Verletzungsrisiko. Schärfe deine Schnitzwerkzeuge gemeinsam mit einem **Erwachsenen**.

Wie erkennst du, wann dein Messer stumpf ist? Nimm einen glatten Ast, halte ihn im Winkel von 45° und stelle die Schneide deines Messers darauf. Rutscht es ab, ist es schon stumpf, bleibt es stehen, ist es noch scharf.

Mit einem Mini-Sharpy lassen sich dein Taschenmesser, das Schnitzmesser, aber auch dein Flacheisen schärfen. Lege dazu das Messer mit der Schneide nach oben an die Tischkante und ziehe mit dem Sharpy darüber zu dir.

Trage dann etwas Polierpaste auf ein Leder auf und ziehe daran die Klinge ab. Fürs Erste kannst du beispielsweise einen alten Gürtel als Schleifleder verwenden.

Lege das Messer flach auf das Leder, kippe es dann etwas zur Schneide hin und ziehe es mit Druck auf dem Leder zu dir her. Wiederhole das mindestens zehn Mal.

Drehe die Klinge dann auf die andere Seite und ziehe sie wieder zu dir her. Wiederhole das mindestens zehn Mal.
Den Hohlbohrer und den Gaißfuß kann nur ein Fachmann schleifen.

Werkzeugkunde

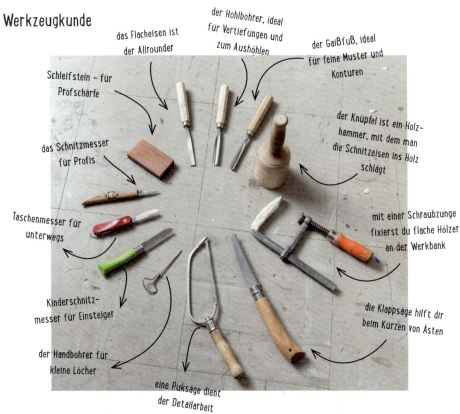

- das Flacheisen ist der Allrounder
- der Hohlbohrer, ideal für Vertiefungen und zum Aushöhlen
- der Gaißfuß, ideal für feine Muster und Konturen
- Schleifstein – für Profschärfe
- der Knüpfel ist ein Holzhammer, mit dem man die Schnitzeisen ins Holz schlägt
- das Schnitzmesser für Profis
- mit einer Schraubzwinge fixierst du flache Hölzer an der Werkbank
- Taschenmesser für unterwegs
- die Klappsäge hilft dir beim Kürzen von Ästen
- Kinderschnitzmesser für Einsteiger
- der Handbohrer für kleine Löcher
- eine Puksäge dient der Detailarbeit

Profiwerkzeug

Das Flacheisen hat oben eine gerade durchlaufende Seite und ist vorne unten abgeschrägt. Das ist die 1 cm lange, angeschliffene „Fase". Sie zeigt beim Schnitzen immer nach unten. Setzt du das Messer verkehrt an, zieht es sich ins Holz hinein und das Holz bricht aus.

Die Alternative zur Werkbank: Die „Schnitzkrake" ist eine Vorrichtung zum Einspannen von Hölzern mit Durchmesser 1–20 cm. Besonders für Rundhölzer ist das Einspannen im keilförmigen Klotz mit dem verschiebbaren Spanngurt ideal. Die Schnitzkrake lässt sich auf jedem Tisch mit zwei Schraubzwingen befestigen. Kinder ab 8 Jahren können sie problemlos bedienen.

Übung macht den Meister

Das brauchst du:

- 10 Karotten
- Schnitzmesser

TIPP

Mache diese Übungen zunächst an einer Karotte und gehe dann zu frischem Grünholz über. So bist du fit für die Modelle in diesem Buch.

Mit dem Messer schaben

Beim Schaben hältst du das Messer im rechten Winkel zum Werkstück und schabst entlang des Werkstücks an der Schale oder Rinde hin und her, bzw. hoch und runter. Benutze dabei den inneren Teil der Klinge, nicht die Spitze.

Der Schälschnitt (Grobschnitt)

Beim Schälschnitt setzt du die Messerklinge etwa in einem 45° Winkel an. Wenn du nun Druck darauf gibst, dringt die scharfe Schneide in die Rinde ein. Führe das Messer entlang des Werkstücks, wobei der Winkel stetig flacher wird. Das Messer wird also wieder aus der Rinde herausgeführt. Die Bewegung kommt aus deinem Ellenbogen heraus, wobei das Handgelenk starr bleiben sollte. Deine ersten Schälschnitte müssen nicht länger als 1–3 cm sein. Nach etwas Übung werden diese von alleine länger.

Der Anspitzschnitt

Beim Anspitzschnitt setzt du das Messer am Ende des Werkstücks in einem Winkel von 45° an und schiebst es aus dem Ellenbogen heraus von dir weg ins Holz oder die Karotte hinein. Wenn du dabei das Werkstück nach jedem Schnitt etwas drehst, wird es vorne langsam spitz. Hierbei wird das Messer gerade geführt, behält also den Winkel bei, mit dem du es angesetzt hast.

Der Stoppschnitt

Du legst das Werkstück auf einen festen Untergrund, die scharfe Klinge liegt im rechten Winkel auf dem Werkstück. Nun bewegst du sie mit einer leichten Wippbewegung auf der Stelle hin und her. Durch diese Messerbewegung entsteht ein 2–3 mm tiefer Schnitt. Diesen Schnitt nennt man den Stoppschnitt. Dieser ist zunächst kaum zu sehen, da er nur die Fasern von Rinde oder Holz quer durchtrennt. Er begrenzt aber die folgenden Kerben, sodass du punktgenau schnitzen kannst.

Die N-Kerbe

Nachdem du den Stoppschnitt gemacht hast, setzt du die Messerklinge mit einen Winkel von 45° zum Werkstück 0,5–1 cm hinter dem Stoppschnitt an und schiebst die Messerschneide mit dem Daumen auf diesen Stoppschnitt zu. Es entsteht eine Kerbe mit einer senkrechten und einer schrägen Schnittfläche, ähnlich wie beim rechten Inneren eines N.

Der Daumenschieber (Feinschnitt)
Setze einen Stoppschnitt. Der Daumen, der das Werkstück hält, drückt auf die Rückseite der Klinge und schiebt diese durch das Karottenfleisch. Durch den Daumendruck kannst du die Kraft gut dosieren und jederzeit die Messerklinge anhalten. Du sollst hierbei bewusst nur mit dem Daumen schieben. Wenn der Stoppschnitt tief genug war, löst sich nun ein Span. Wiederhole diesen Vorgang, bis die Kerbe die gewünschte Tiefe bekommt.

V-Kerbe
Wendest du nun das Werkstück und wiederholst den Daumenschieber (Feinschnitt) von der anderen Seite in Richtung Stoppschnitt, entsteht eine Kerbe mit zwei schrägen Schnittflächen. Damit du im Holz eine tiefe V-Kerbe bekommst, musst du diese Arbeitsschritte mindestens fünf Mal wiederholen.

Die N-Biberkerbe (Rundum-Kerbe)
Setze einen umlaufenden Stoppschnitt. Arbeite dich dann mit Feinschnitten einmal um den Ast oder die Karotte herum. Im Holz musst du den Arbeitsschritt mehrmals wiederholen, damit die Kerbe eine gewisse Tiefe bekommt. Es entsteht eine umlaufende N-Kerbe.

Die V-Biberkerbe (umlaufende V-Kerbe)
Setze einen umlaufenden Stoppschnitt. Arbeite dann rundherum, erst von der einen, dann von der anderen Seite her mit Feinschnitten zum Stoppschnitt. Du wendest also das Werkstück zwischendurch.

Liebe Eltern!

Ein Buch wie dieses richtet sich an Kinder, aber Sie als Eltern oder Erzieher sind aufgefordert, die Kinder aktiv bei ihren ersten Übungen zu begleiten. Denn schließlich schnitzen die Kleinen mit scharfen Werkzeugen, die nur unter Aufsicht in Kinderhände gehören!
Die Beispiele hier im Buch sind zwar sehr einfach gehalten, dennoch wurden sie von einem Profi gemacht.

Wenn die Arbeiten Ihres Kindes (zunächst noch) krumm und schief sind, sollten Sie dennoch loben und verstehen, dass jeder nach seinem eigenen Ausdruck sucht. Es gibt viele Ergebnisse, die unterschiedlich sein können und dennoch alle schön sind.

Der Formschnitt
Dieser Schnitt ist sehr schwierig, besonders im Holz. Mache ihn nur, wenn du mit dem Messer schon sehr sicher bist. Er funktioniert nur mit einem richtigen Schnitzmesser, das eine kurze Klinge von etwa 5 cm und eine scharfe Spitze hat.
Beim Formschnitt schnitzt du mit der Messerspitze: Die Hand, die das Werkstück hält, schiebt mit dem Daumen das Messer entlang der aufgezeichneten Kontur. Dabei sind nur die ersten 3 mm der Messerspitze in der Schale oder Rinde. So entstehen geschwungene Muster in der Rinde oder kleine Details wie Augen, Nase oder Mund.

Ulis Kuli
schöner Stift

Das brauchst du:
- Ast, ø 2 cm, 40 cm lang (Weide oder Haselnuss)
- Kugelschreibermine
- Schnitzmesser
- Handbohrer, ø 3 mm
- ggf. Kneifzange
- ggf. Filzstifte (alternativ Acrylfarben, Wasser und Pinsel)

Drehe das Holz immer wieder.

So sieht die V-Biberkerbe aus, die die Spitze deines Stifts wird.

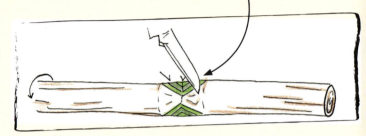

1 Mach einen Stoppschnitt in der Mitte des Astes (siehe Seite 8).

2 Es folgt ein Anspitzschnitt in Richtung Stoppschnitt (siehe Seite 8).

3 Wende den Ast und schnitze wieder Richtung Stoppschnitt.

4 Die V-Biberkerbe hat sich zur Mitte des Astes so verjüngt, dass er nur noch wenige Millimeter dick ist. Du kannst ihn an dieser Stelle über dem Knie in zwei Teile brechen.

5 Schäle nun erst die eine Hälfte des Astes, wende ihn und schäle dann die andere Seite. So bleibt dir jeweils ein „Griff", an dem du das Holz sicher greifen kannst.

6 Bohre mit einem kleinen Handbohrer ein Loch in die Spitze deines Stiftes. Schraube einen alten Kuli auseinander und kürze das Plastikröhrchen der Mine auf etwa 5 cm (sollte die Mine aus Metall sein, dann kürzt du sie mit der Kneifzange). Stecke die Mine in das Bohrloch.

7 Male deinen Holzkuli mit Filzstiften oder Acrylfarben an.

Klettermaxe

Ein Wichtel hilft den Ranken

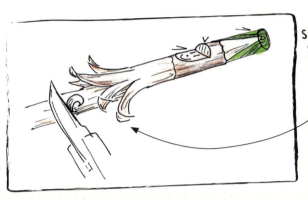

Mithilfe des Daumenschiebers entsteht der helle Span-Mantel des Wichtels.

1 Trenne deinen Ast mit einer V-Biberkerbe ab. Je länger du den Ast lässt, desto höher wird deine Rankhilfe. Die Spitze, die so entsteht, wird die Zipfelmütze deines Waldmännchens.

2 Lass unter der Zipfelmütze etwa 3 cm Rinde stehen. Dieser Teil wird der Kopf des Zwergs. Schäle den Bereich darunter – mindestens 4 cm breit. Du kannst auch den kompletten Ast schälen.

3 Schnitze eine N-Kerbe in das Kopfteil mit Rinde. So entsteht das Gesicht, auf das du später Augen, Nase und Mund malst.

4 Nun bekommt das Bürschchen noch einen Mantel. Schnitze im geschälten Bereich, sodass durch den Daumenschieber ein heller Span-Mantel entsteht: Schneide einen 3–5 cm langen Span und setze dann das Messer ab. Es sollte ein gebogener Span stehen bleiben. Drehe das Holz immer wieder und schneide in jeder Position einen neuen Span.

5 Male dein Waldmännchen mit wasserfesten Filzstiften, Ölkreide oder Buntstiften an.

6 Spitze den Stock unten an, damit du die Rankhilfe in einen Blumentopf stecken kannst. Trichterwinden, aber auch Tomaten freuen sich über so einen stützenden Kerl.

TIPP

Im Holz geht der Daumenschieber etwas schwieriger als in der weicheren Rinde. Einsteiger können daher den Span-Mantel auch in die Rinde einschnitzen, dafür bleibt der Wichtel unten einfach ungeschält.

Was für ein Lärm!

Percussionstock

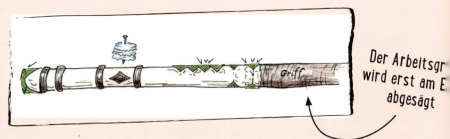

Der Arbeitsgr wird erst am E abgesägt

1 Du bist Einsteiger? Dann schau bitte erst mal auf Seite 6. Säge im Abstand von 2 cm acht Mal 1 cm tief in deinen langen Ast ein.

2 Schneide mit dem Messer bis zum Stoppschnitt, der aus der Sägespur besteht.

3 Wende das Holz und schneide von der anderen Seite dagegen, sodass jeweils eine V-Kerbe entsteht.

4 Für das Ende des Percussionstocks setzt du mit einem Abstand von 3 cm zueinander links eine N-Biberkerbe und rechts eine V-Biberkerbe.

5 Säge dann den Griff handbreit ab und gib deinem Kopfende noch eine elegante, abgerundete Form.

6 Schnitze am Instrumentengriff ein Kringel-Muster hinein (Profis können auch ein Zackenmuster versuchen, siehe Seite 24).

7 Schlage mit dem dicken Nagel zunächst ein Loch in die Kronkorken. Lege sie dazu auf ein altes Brett.

8 Fädle die vorgelochten Kronkorken auf den dünneren Nagel und schlage den Nagel dann oberhalb des Griffes ein.

9 Schäle einen zweiten Ast, um damit über die V-Kerben zu reiben. Mit dem Percussionstock lässt sich nun richtig rocken, wenn du gleichzeitig zirpst, rasselst und auf Gegenstände trommelst. Toll ist es, wenn eine große, wilde Lagerfeuerhorde gleichzeitig singt und lärmt!

Das brauchst du:
- 2 Haselnuss-Zweige, ø 2 cm, 30 cm und 15 cm lang
- dicker Nagel, ø 3 mm
- dünner Nagel, 3 cm lang
- 2–3 Kronkorken
- Schnitzmesser
- Puksäge
- Hammer

La Perla
Hartriegelkette

1 Beginne aus der Mitte heraus die Perlen zu schnitzen, so hast du beim Wenden des Astes immer genug Holz zum Halten. Setze einen umlaufenden Stoppschnitt.

2 Schnitze unter Drehen und Wenden des Astes eine V-Biberkerbe heraus.

3 Setze etwa 1 cm neben die erste V-Biberkerbe erneut einen Stoppschnitt.

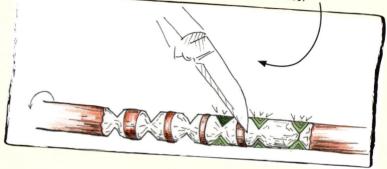

Profis verzieren die Perlen mit kleinen Mustern in der Rinde.

4 Schnitze eine weitere V-Biberkerbe (und dann immer so weiter, bis du genügend Perlen hast). Wenn du die Biberkerben zu tief machst, kann der Ast an dieser Stelle brechen (macht aber nichts).

5 Wenn du genug Perlen geschnitzt hast, schneidest du diese von deinem Ästchen herunter, indem du das Messer wie beim Stoppschnitt in der Kerbe zischen zwei Perlen ansetzt und zu dir herziehst. Drehe den Ast dabei immer wieder.

6 Bohre mit dem Handbohrer in den weichen Kern jeder Perle ein kleines Loch. Dann kannst du deine Perlen leicht auf eine Schnur oder besser noch auf ein elastisches Gummiband auffädeln. Fertig ist das Waldläufergeschmeide!

TIPP

Hartriegel hat besonders im Herbst knallrote Äste. Wenn du die geschnitzten Perlen mit Klarlack (oder Schellack) lackierst, behalten sie diese intensive Farbe lange.

Das brauchst du:

- ✓ 3 Äste von Hartriegel, Weide und Haselnuss, ø 0,6–1 cm, 20 cm lang
- ✓ Gummiband in Schwarz, ø 1 mm, 20 cm (Armband) oder 40 cm (Kette) lang
- ✓ ggf. Acryllack in Transparent
- ✓ Schnitzmesser (alternativ Taschenmesser)
- ✓ Handbohrer, ø 3 mm

Das brauchst du:

- Ast, ø 2–3 cm, 80 cm lang (Weide oder Haselnuss)
- Ast, ø 2–3 cm, 25 cm lang (Haselnuss, Weide, Birke oder Linde)
- 5 Nägel, ø 1 mm, 2–3 cm lang
- Neodym-Magnet, zylinderförmig, ø 6 mm, 6 mm hoch
- Paketschnur, ø 1 mm, 1 m lang
- Filzstift in Rot und Grün
- Wasserfarben, Wasser, Pinsel
- Schnitzmesser
- Säge
- Hammer
- Handbohrer, ø 5 mm und 1 mm

Vorlage Seite 60

Petri heil!
Angel mit Magnetfisch

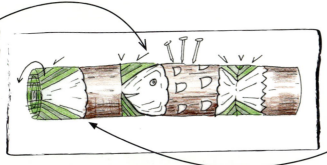

Die Nagelflosse macht den Fisch anziehend für Magneten.

Magnetschwimmer

1 Zeichne dir dein Fischlein in die Astmitte des 25 cm langen Ast: Säge rundherum an Kopfende und zwischen Schwanzflosse und Rumpf mit der Säge 0,5 cm tief ein. Spanne das Holz dazu ein oder halte es mit dem Fuß fest (siehe Seite 6).

2 Setze den Ast auf einem festen Untergrund (am besten mit einem Absatz) so an, dass er einen guten Halt hat und schnitze zum gesägten Stoppschnitt hin. Am Kopf entsteht eine N-Biberkerbe und zwischen Schwanzflosse und Rumpf eine V-Biberkerbe. Vertiefe diese Biber-Kerben mit dem Messer, bis dir die Form des Fisches gefällt.

3 Schnitze in die Rinde Schuppen ein. Mache für jede Schuppe erst einen kleinen Stoppschnitt und schneide dann mit dem Daumenschieber zu diesem hin, sodass eine kleine Schuppe herausfällt.

4 Säge den Fisch an Kopf- und Schwanzende aus dem Ast. Runde die Sägestellen mit dem Schnitzmesser ab.

5 Nur was für Profis (Einsteiger benötigen einen **erwachsenen Helfer** oder malen das Gesicht auf!): Schneide mit der Messerspitze von unten eine Kerbe für das Fischauge ...

6 ... und führe dann die Spitze des Messers in einem leichten Bogen, indem du mit dem Daumen die Klinge des Messers schiebst.

Hier geht's weiter →

7 Schlage die dünnen Nägel als Rückenflosse in den Fischrumpf und einen Einzelnagel ins Maul des Fisches. Hierzu benötigst du einen **erwachsenen Assistenten**, der den Fisch festhält.

8 Spitze einen Ast mit Durchmesser 1,5 cm zu und säge ihn auf einer Länge von 3 cm ab.

9 Spanne den Magnetschwimmer in deine Werkbank ein. Bohre in die Spitze quer ein kleines Loch für die Schnur. Bohre dann in die Unterseite ein 5 mm-Loch für den Magneten.

10 Ist die Schnur eingefädelt und verknotet, klopfst du den Magneten in das große Loch. Wenn der zylinderförmige Magnet einen Durchmesser von 6 mm hat, bohrst du das Loch mit einem 5 mm-Bohrer. So bleibt der Magnet stramm im Holz sitzen!

11 Gestalte deinen Angelstock mit einem oder mehreren Mustern (A, B, oder C).

A Ringel
Eines der einfachsten Muster, das du in die Rinde schnitzen kannst, sind „Ringel". Du kannst tolle Effekte erzielen, indem du mit den Abständen deiner Ringel spielst. Die Abstände können mal größer und mal kleiner sein oder sich rhythmisch wiederholen.

Schneide zwei umlaufende Stoppschnitte im gewünschten Abstand in die Rinde des Astes. Diese zwei Schnitte verhindern, dass du beim Wegschnitzen der zwischenliegenden Rinde über die Stoppschnitte hinausschnitzt.

Schneide nun mit dem Daumenschieber die Rinde zwischen den beiden Stoppschnitten heraus. Fertig ist der erste Ringel.

Achtung!
Neodym-Magnete sind sehr stark magnetisch. Pass auf, dass keine kleinen Geschwister sie verschlucken und dass du nicht aus Versehen mit so einem Magneten die EC-Karte deiner Eltern löschst.

B Spirale
Zeichne mit einem roten und einem grünen Filzstift zwei spiralförmig umlaufende Linien auf deinen Stecken. Schneide mit dem Stoppschnitt erst entlang der grünen und dann entlang der roten Linie in die Rinde. Das Messer zeigt dabei schräg zum Ast.

Dann schneidest du mit dem Daumenschieber die Rinde zwischen der roten und der grünen Linie heraus.

C Raute
Um Muster aus der Rinde zu schneiden, die schräg zum Ast oder geschwungen verlaufen, musst du mit der Messerspitze arbeiten. Zeichne das Zacken- oder Rautenmuster mit Filzstiften auf. Gut ist es, wenn du das vordere Ende des Astes auf den Tisch auflegst und dort an einem Absatz Halt findest, sodass der Ast beim Arbei-

ten nicht wegrutscht (befestige dazu z.B. ein Brett mit zwei Schraubzwingen). Dann schnitzt du mit der Spitze des Messers an der roten Linie 1 entlang. Die Hand, die den Ast hält, schiebt mit dem Daumen das Messer der aufgezeichneten Kontur entlang, wobei nur die Spitze 1–2 mm tief in der Rinde verschwindet. Wende den Ast und schneide Linie 2 nach. Drehe den Ast zurück in die Ausgangsposition und schnitze mit der Spitze des Messers die Rinde heraus.

12 Schneide eine kleine V-Biberkerbe in das Ende der Angel ein, um daran die Angelleine festzubinden.

TIPP

Diese Technik lässt sich vielfältig einsetzen: Wenn du Muster in einen Wanderstab, einen Bogen oder ein Schwert schnitzen willst, benötigst du immer dieselben Handgriffe.

Vogelfrei...
leicht und filigran

Halte den Vogel während des Schnitzens am Arbeitsgriff fest.

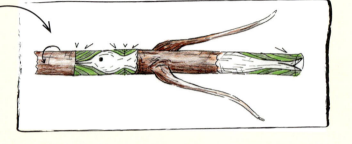

Das brauchst du:
- Ast mit zwei Gabelästen, ø 1,5 cm, 20 cm lang (Ahorn)
- Schnur (alternativ Nylonfaden), ø 1 mm, 50 cm lang
- Wasserfarben, Wasser, Pinsel
- Perle, ø 5 mm
- Schnitzmesser
- Handbohrer, ø 2 mm

1 Lege das Material bereit.

2 Zeichne Kopf und Schnabel mit Filzstift auf die Rinde. Denke an den handbreiten Arbeitsgriff am Kopf.

3 Schneide am Schnabel-Ende einen umlaufenden Stoppschnitt und schneide die N-Biberkerbe zum Griff hin heraus.

4 Schneide zwischen Rumpf und Kopf einen Stoppschnitt und schneide eine V-Biberkerbe heraus.

5 Schnitze den Griff am Schnabel ab, entrinde den restlichen Kopf und gib Kopf und Schnabel durch vorsichtige Schnitte eine schöne Form.

6 Schneide vorsichtig mit der Messerspitze kleine Kerben als Augen heraus (Formschnitt siehe Seite 9).

7 Setze mit dem Schälschnitt (siehe Seite 9) in die Oberseite des Schwanzes einen flachen, langen Schnitt. Drehe dann den Vogel um 180° und mach denselben Schnitt auf der Unterseite des Schwanzes, sodass der Schwanz ganz dünn wird.

8 Zeichne ein Dreieck in das Schwanzende. Lege den Vogel auf den Tisch und schneide mit der Messerspitze das angezeichnete Dreieck heraus. Ziehe dafür das Messer von der Haltehand weg. Übe dabei nur wenig Druck aus, indem du mehrmals rechts und links schneidest, bis ein kleines Dreieck herausfällt.

9 Wenn du einen Paradiesvogel möchtest, kannst du den kleinen Kerl jetzt bunt bemalen.

10 Ermittle durch Ausbalancieren den Schwerpunkt des Vogels, also seine Mitte.

11 Hänge den Vogel an einem Faden auf, indem du an seiner Schwerpunkt-Mitte ein kleines Loch bohrst. Ziehe dann eine feine Schnur durch, knote eine Perle als Stopper ans Fadenende und hänge ihn auf.

Das brauchst du:
- Ast, ø 3 cm, 40–50 cm lang (Haselnuss oder Weide)
- 2 Dachlattenstücke, 1,8 cm x 16 cm x 3,5 cm
- Bleistift
- Leim
- Laubsäge
- 2 Schraubzwingen
- Werkbank

Vorlage Seite 60

Attacke!
rustikales Ritterschwert

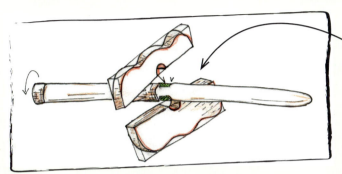

Hier befestigst du die Parierstange. Der Ast verjüngt sich, sodass die Dachlatten lückenlos aufeinanderpassen.

1 Schäle zwei Drittel deines Steckens.

2 Zeichne am Ende des Griffes die 1,8 cm breite Kerbe ein, die du für das Querholz benötigst.

3 Wenn du möchtest, kannst du Muster in die Rinde am Griff schnitzen (siehe Seite 24).

4 Schnitze für das Querholz, man nennt es „Parierstange", zwei umlaufende Stoppschnitte in einem Abstand von 1,8 cm.

5 Schneide wie bei der N-Biberkerbe zum ersten Stoppschnitt hin. Wiederhole das, bis deine Kerbe 5 mm tief ist.

6 Wende den Ast und schneide zum anderen Stoppschnitt hin, löse also die Kerbe heraus. Auf diese Weise sollte eine gleichmäßige Verjüngung des runden Astes entstehen, der hier nur noch einen 2 cm-Durchmesser hat.

7 Übertrage die Vorlagenzeichnung von Seite 60 auf die Dachlatte und säge die Form mit einer Laubsäge aus. Wenn du einen **erwachsenen Helfer** hast, kann dieser die Parierstangen auch mit einer Stich- oder Dekupiersäge zusägen.

8 Passe die beiden Hälften in die Kerbe ein.

9 Wenn die beiden Innenseiten des Querholzes gut aufeinander passen, trägst du Leim auf die untere Seite auf und drückst die obere darauf.

10 Nun spannst du die beiden Querhölzer noch mit zwei Schraubzwingen zusammen und wartest mindestens 30 Minuten, bis der Leim fest ist.

11 Brich die Kante der Laubsägearbeit. Schnitze das Schwert am Ende der Klinge rund, denn wenn du damit spielen und kämpfen willst, wäre es spitz eine zu gefährliche Waffe.

Sternstunde

Stern aus Astscheibe

Das brauchst du:
- Astscheibe, ø 10–15 cm, 5 cm dick (Fichte)
- Papier, Bleistift
- Werkbank
- Schraubzwinge
- Flacheisen
- Knüpfel
- Schnitzmesser
- ggf. Acrylfarbe in Gelb oder Gold, Wasser, Pinsel
- Vorlage Seite 60

1 Beachte: Dein Holz darf keine Äste haben! Übertrage die Vorlagenzeichnung des Sterns auf die Baumscheibe, wobei die Sternspitzen bis zum Rand deiner Scheibe gehen sollten.

2 Spanne die Scheibe, wie auf dem Foto zu sehen, in einen Schraubstock ein und säge an der gestrichelten Linie, die zwischen den Spitzen verläuft, ins Holz hinein.

3 Befestige die Scheibe auf deinem Werktisch mit der Schraubzwinge und beginne mit einem Flacheisen von außen nach innen die Zwischenräume der Sternspitzen weg zu stemmen. Spalte immer nur kleine Stücke weg.

4 Mit deinem Schnitzmesser kannst du noch die Kanten „brechen", also in Form schneiden und etwas abflachen.

5 Bemale deinen Stern nach Herzenslust – beispielsweise mit Acrylfarben, dann ist er wetterfest.

Tipp:

Lass dir von einem **Erwachsenen** ein Loch in den Stern bohren (du selbst kannst das mit einem Drillbohrer machen), sodass du einen Stock hinein leimen kannst. Schon hast du einen prachtvollen Stern, der als Weihnachtsdeko in den Garten gesteckt werden kann. Oder vielleicht machst du als Nächstes einen Kometen für die Sternsinger?

Arbeite von außen nach innen.

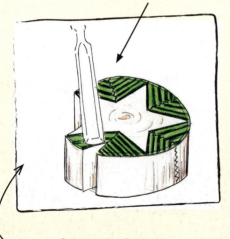

Schlag für Schlag zum Sternenglück!

Das brauchst du:
- Baumscheibe, ø 10–15 cm, 3–5 cm hoch (Fichte)
- Brett, 2 cm x 10 cm x 25 cm
- 3 Spaxschrauben, 4 cm lang
- Wasserfarben, Wasser, Pinsel
- Bleistift
- Neodym-Magnet, zylinderförmig, ø 6 mm, 6 mm hoch
- 2 Schraubzwingen
- Gaißfuß
- Knüpfel
- Flacheisen
- Handbohrer, ø 5 mm

Vorlage Seite 60

Megamagnet

...hält Kunst am Kühlschrank

1 Lass dir von einem **Erwachsenen** eine Scheibe eines frischen Astes absägen.

2 Eine Auswahl an Motiven findest du bei den Vorlagenzeichnungen auf Seite 61. Übertrage eines davon auf die Baumscheibe.

3 Male die Baumscheibe am besten mit einer Acryl- oder Wasserfarbe an. So siehst du sofort, was du schon weggeschnitzt hast. Du kannst entweder das Motiv herausschlagen (Negativ), oder den Rand wegschnitzen (Positiv).

4 Ein Erwachsener schraubt die Holzscheibe mit drei Spaxschrauben auf ein Brett. Dieses sollte rechts und links 5 cm über die Baumscheibe herausragen. (Du kannst deine Baumscheibe auch direkt mit der Schraubzwinge befestigen. Dann verdeckt diese allerdings immer einen Teil der Scheibe, daher musst du diese öfters in der Position verändern. Achte darauf, dass das Metall der Zwinge mit einem Klebeband umwickelt ist, damit keine Spuren auf dem Holz zurückbleiben!)

5 Setze nun dein Flacheisen innerhalb der Rinde an und schlage mit dem Knüpfel Richtung Mitte der Baumscheibe bis zur aufgezeichneten Begrenzungslinie deines Motivs. Wenn du das Motiv als Negativ herausschlagen möchtest, umrandest du es zuerst mit dem Gaißfuß.

6 Bohre dein Holz auf der Rückseite mit einem 5 mm-Bohrer vor. Wenn du jetzt den 6 mm Magneten mit etwas Kraft in das Loch schlägst, sitzt er richtig fest.

7 Fertig ist der Kühlschrankmagnet!

Info

Deine Haltung beim Bildhauern
Offener Schlag: Du stehst vor dem Holz und schlägst seitlich am Körper vorbei. Dies ist die sicherste, bequemste und üblichste Haltung.

Wenn du nun von der anderen Seite etwas wegschlagen möchtest, kannst du die Kreuzschlag-Technik anwenden. Diese ist etwas schwieriger und nur für Geübte zu empfehlen.

Feine und dünne Schnitte solltest du mit einem Gaißfuß schlagen. Setze diesen in einem 45° Winkel an und halte ihn dann während des Schlags schneller flacher. Arbeite nicht zu tief im Holz.

Beeindruckend!
super Stempel

Das brauchst du:
- Baumscheibe, ø 10–15 cm, 3–5 cm hoch (Weide, Pappel)
- Brett, 2 cm x 10 cm x 25 cm
- 3 Spaxschrauben, 4 cm lang
- 2 Schraubzwingen
- Knüpfel
- Flacheisen
- ggf. Gaißfuß
- Acrylfarbe (alternativ Gouache- oder Wasserfarben), Wasser, Pinsel
- Papier, A4 oder A3
- Moosgummi, A4 oder A3
- Filzstift

1 Lass dir von einem **Erwachsenen** eine Scheibe eines frischen Astes absägen (siehe Seite 6).

2 Male diese am besten mit einer Acryl- oder Wasserfarbe an.

3 Ein **Erwachsener** schraubt die Holzscheibe mit drei Spaxschrauben auf ein Brett. Dieses sollte rechts und links 5 cm über die Baumscheibe herausragen (siehe Seite 35).

4 Befestige das Brett mit zwei Schraubzwingen auf deinem Arbeitstisch und schreibe einen Buchstaben spiegelverkehrt auf die Baumscheibe. Symmetrische Großbuchstaben ohne Rundungen (z. B. A, M, H, X) sind zunächst einfacher zu schnitzen.

5 Setze nun dein Flacheisen innerhalb der Rinde an und schlage mit dem Knüpfel Richtung Mitte der Baumscheibe bis zur aufgezeichneten Begrenzungslinie deines Buchstabens. Wiederhole das so oft, bis du um den Buchstaben herum das Holz 0,5–1 cm weggehauen hast.

6 Das Innere vom A, O oder B kommt zum Schluss, da sie etwas schwieriger sind. Schlage nie von der Mitte nach außen, sonst bricht das äußere Holz bzw. die Rinde weg.

7 Lege das Moosgummi unter das Papier, dann druckt sich die Farbe leichter ab. Zum Drucken malst du nur den Buchstaben mit einer Acryl- oder Gouachefarbe an. Dann drehst du den Stempel um und drückst den Buchstaben mit deinem ganzen Körpergewicht auf das Papier. Stempelst du auf Seiden- oder Packpapier, entsteht so schnell wunderbar individuelles Geschenkpapier.

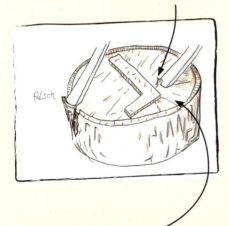

Schlage immer von außen nach innen.

Denke daran, die Buchstaben spiegelverkehrt zu schlagen!

Geheim!
Schmuckdöschen

Schritt für Schritt zum Schmuckversteck.

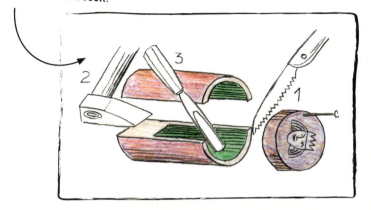

Das brauchst du:
- Rundholz, ø 8 cm, 12 cm lang (Birke)
- Nagel, ø 2 mm, 6 cm lang
- Wasserfarben, Wasser, Pinsel
- Leim
- Filzstift
- Flacheisen
- Hohleisen
- Gaißfuß
- Knüpfel
- Klappsäge
- Axt (alternativ Spaltmesser)
- Handbohrer, ø 3 mm
- Hammer
- Schraubzwingen
- Schnitzkrake

Vorlage Seite 60

1 Spanne dein Rundholz ein und säge davon eine Scheibe von 3 cm Stärke ab.

2 Zeichne mit einem Abstand von 1,5 cm zum Rand einen Kreis auf das längere Stück.

3 Für diesen Arbeitsschritt benötigst du einen **erwachsenen Assistenten**: Spaltet das lange Rundholz mit der Axt oder dem Spaltmesser ordentlich in der Mitte.

4 Zeichne auf die Innenseite des gespaltenen Holzes ein U mit 2 cm Abstand zum Rand.

5 Spanne das Holz so ein, dass du mit einem Flacheisen oder mit einem Hohlbohrer das Innere jeder Hälfte längs zur Faserrichtung aushöhlen kannst. Arbeite dabei nur bis zu dem Rand, den du aufgezeichnet hast. Lass den Dosenboden stehen.

6 Trage auf einer Seite Leim auf.

Hier geht's weiter →

39

7 Klebe beide ausgehöhlten Hälften passgenau zusammen. Fixiere die Klebeflächen während des Trocknens mit zwei Schraubzwingen. Da das Holz noch feucht ist, trocknet der Leim nur so schnell wie das Holz trocknet. Daher musst du ganze zwei Tage warten, bevor du die Zwingen wieder löst.

8 Mit einem Messer kannst du den Rand noch versäubern.

9 Übertrage die Vorlagenzeichnung von Seite 60 mit Bleistift auf die Deckel-Scheibe, spanne sie ein und schlage von außen nach innen das Motiv heraus. Profis arbeiten mit einem Gaißfuß (siehe Seite 36).

10 Abschließend kannst du die Prinzessin noch mit Wasserfarben bemalen.

11 Bohre in deinen Dosendeckel mit einem Abstand von 5 mm zum Rand ein 3 mm-Loch. Nun schlägst du den Nagel so hinein, dass er noch etwas „Spiel" hat. Jetzt lässt sich die Dose leicht öffnen, indem du den Deckel zur Seite drehst.

Achtung!

Zum Arbeiten solltest du geschlossene Schuhe tragen. Es kann jederzeit sein, dass ein Eisen vom Tisch fällt. Dann sollten deine Füße geschützt sein. Fällt dir ein Eisen herunter, versuche nie, das Messer aufzufangen! Lass es fallen und gehe schnell einen Schritt zurück.

40

Torjäger

Cooler Kicker

Das brauchst du:

- Dachlatte, 4 cm breit, 2 cm dick, 20 cm lang (Fichte)
- Nagel, 4 cm lang
- Schraubzwinge
- Schüssel mit Wasser
- Handbohrer, ø 3 mm und 8 mm
- Bleistift
- Flacheisen
- Knüpfel
- Taschenmesser- oder Puksäge
- Wasserfarbe, Wasser, Pinsel

Vorlage Seite 62

Schnippst du hinter das Bein, kickt der Fußballer los!

1 Lege dein Holz am besten für eine Stunde ins Wasser, denn mit Wasser vollgesaugt lässt es sich leichter schnitzen.

2 Zeichne den Kopf, zwei Streifen für das Trikot, die Hose und die Beine auf.

3 Spanne das Holz mit einer Schraubzwinge zunächst hochkant fest. Schlage rechts und links eine V-Biberkerbe als Hals hinein.

4 Schnitze von vorne den Hals, zwei Streifen für das Trikot und die Beine heraus.

5 Spanne den Fußballer mit einer Schraubzwinge fest und säge zwischen den Beinen ein.

6 Säge nun eines der Beine quer ab. Das lose Stück ist etwa 6 cm lang.

7 Säge dann den Oberschenkel des Beines noch einmal 3 mm kürzer, damit das Bein später genug Platz zum Hin- und Herklappen hat.

8 Bohre von der Seite mit einem 3 mm-Handbohrer in den oberen Teil des Beins. Ungeduldig? Lass dir von einem **Erwachsenen** mit einer Bohrmaschine helfen.

9 Für die Arme nimmst du einen 8 mm-Bohrer und bohrst auf Schulterhöhe rechts und links ein Loch.

44

10 Lege das Bein in seine Position und nimm einen dünnen Nagel, den du in das vorgebohrte 3 mm-Loch steckst und nagle ihn in das feststehende Bein hinein. Teste, ob der Fußballer kicken kann!

11 Aus Ästen machst du die Arme: Klopfe zwei 6 cm lange Äste in die Bohrlöcher.

12 Als Haare kannst du Nägel in den Kopf schlagen und herausstehen lassen. Das sieht wild aus!

13 Bemale den Torjäger. Je weniger Wasser du dabei verwendest, umso weniger blutet die Farbe aus.

45

Kaperfahrt
schickes Segelschiff

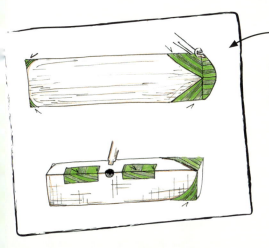

Arbeite an Bug und Kiel besonders sorgfältig. Schlage immer „bergab".

Das brauchst du:
- ½ Rundholz, ø 8 mm, 20 lang (Pappel, Linde oder Kastanie)
- Ast mit Gabelung, 15 cm lang
- Stoff in Weiß-Blau, 12 cm x 12 cm
- Werkbank
- ggf. Axt
- Bleistift
- Flacheisen
- Knüpfel
- Handbohrer, ø 8 mm
- Werkbank
- UHU Textil (alternativ Tacker)
- ggf. Acrylfarbe, Wasser, Pinsel

1 Halbiere das Rundholz mithilfe eines **Erwachsenen.** Verwende eine Axt (siehe Seite 39). Entrinde es (vergleiche Seite 52).

2 Zeichne den Bug vorn und den Kiel unten auf das Holz und spanne es dann seitlich in der Werkbank ein.

3 Schlage mit dem Knüpfel und Flacheisen die Spitze heraus, indem du vorne anfängst und in kleinen Schritten das Holz bis zur aufgezeichneten Linie wegschnitzt. Arbeite immer zur Holzmitte hin. Da du das Holz immer horizontal einspannen solltest, hilft dir auch die Vorstellung, immer „bergab" zu schnitzen, also immer zur Erde hin (niemals bergauf).

4 Spanne das Boot so ein, dass der Rumpf nach oben zeigt und schräge die bis dahin keilförmige Spitze von dieser Seite her an, sodass eine schöne Bootspitze entsteht.

5 Spanne nun das Boot so ein, dass das Deck nach oben steht und zeichne die Stellen an, die du aushöhlen möchtest. Lass mindestens 1 cm Rand zur Bordwand stehen. Achtung! In der Mitte muss außerdem ein Steg für den Mast stehen bleiben! Schlage mit dem Flacheisen vier Stoppschnitte in die quer verlaufenden Linien.

Hier geht's weiter →

6 Schlage nun entlang der Faser zum Stoppschnitt hin und höhle so die beiden markierten Stellen aus.

7 Profis zeichnen nun noch ein Zickzackmuster auf die Flanken des Bootes, spannen es seitlich ein und schnitzen das Muster mit dem Gaißfuß heraus (siehe auch Seite 24).

8 Bohre für den Mast mit einem Handbohrer ein 3 cm tiefes Loch in den Steg.

9 Nimm einen Zweig mit einem Seitenast, der als Quermast dient. Schneide den Stoff passend zu einem Dreieck zu. Klebe das Segel mit Stoffkleber um den Mast und den Quermast. Hast du einen **erwachsenen Assistenten**, kann dieser das Segel auch festtackern.

10 Schnitze das untere Mastende mit dem Schnitzmesser so schlank, dass es sich gerade so in das Bohrloch klopfen lässt und sehr fest sitzt.

TIPP

Unverwechselbar! Wenn du dein Boot wasserfest bemalen möchtest, solltest du Acrylfarben, Buntlack oder Ölkreiden verwenden – und auf geht's zur Regatta!

Variante Motorboot

1 Möchtest du lieber ein Motor- als ein Segelboot bauen, verzichtest du natürlich auf den Mast. Den Mittelsteg, den du in Schritt 5 stehen lässt, benötigst du nicht.

2 Säge quer zum vorderen Bug mit der Feinsäge 1 cm tief ein.

3 Schneide dir das Plastik einer PET-Flasche mit einer Schere zu und stecke es als Windschutzscheibe in den Sägeschnitt. Wenn sie nicht von alleine hält, kannst du sie mit UHU Alleskleber Kraft fixieren.

Raubkatzenalarm!
toller Tiger

Entrinde das Rundholz oder lasse Teile der Rinde als Fell stehen.

Das brauchst du:
- ✓ frisches Rundholz, ø 8 cm, 20 cm lang (Linde, Pappel oder Weide)
- ✓ 5 Äste, ø 1 cm, 20 cm lang
- ✓ Schnitzkrake
- ✓ Knüpfel
- ✓ Flacheisen
- ✓ Säge
- ✓ Gaißfuß oder Filzstift
- ✓ Schnitzmesser
- ✓ Handbohrer
- ✓ ggf. Acrylfarbe in Schwarz, Weiß, Orange, Sonnengelb und Rot, Wasser, Pinsel

Vorlage Seite 62

1 Spanne das Holz fest in der Schnitzkrake ein. Kerbe den Kopf mit einer V-Biberkerbe 2 cm tief ein.

5 Zeichne das Gesicht auf und schnitze es vorsichtig mit dem Gaißfuß heraus. Einsteiger können es aber auch nur aufmalen.

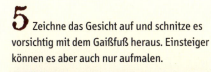

2 Den Stoppschnitt machst du rundherum 1 cm tief mit der Säge oder einem Flacheisen.

3 Entrinde den Kopf.

6 Bohre mit einem Handbohrer die Löcher für die Beine, die Ohren und den Schwanz. Bist du sehr ungeduldig, kann dir auch ein **Erwachsener** mit einer Bohrmaschine zur Hilfe kommen.

TIPP

Schlage das Messer nie zu tief ins Holz. Sollte es dennoch darin steckenbleiben, ziehe nicht daran! Wippe es seitlich hin und her. So löst es sich meist recht leicht. Funktioniert das nicht, holst du einen Erwachsenen zur Hilfe.

4 Runde Kopf und Körperende mit dem Flacheisen ab. Hierzu musst du das Holz immer wieder drehen und Stück für Stück um die Enden herum schnitzen. Am Körper kannst du die Rinde stehenlassen, so wirkt diese gleich wie ein Fell.

Hier geht's weiter →

Info

Entrinden

Du solltest beim Bildhauern, im Gegensatz zum Schnitzen (sitzen!) immer stehen. So bist du größer, beweglicher und hast dadurch mehr Kraft: Du stehst parallel versetzt hinter dem fest eingespannten Holz und schlägst mit dem Knüpfel in der Schreibhand auf das Holzheft deines Bildhauereisens. Die schräge Fase des Eisens setzt beim Entrinden nach unten zeigend in einem Winkel von 45° auf dem Holz auf. Du schlägst es nur so tief in die Rinde, bis du auf das festere Holz triffst.

Der Winkel des Eisens zum Holz wird während des Schlagens zunehmend flacher, sodass das Eisen nach wenigen Schlägen wieder aus der Rinde herausgeführt wird und ein Rindenstück abfällt. Wiederhole diesen Bewegungsablauf, bis die gesamte Rinde weg ist.

Ist die Rinde schon weg geschnitzt, kannst du auf dieselbe Weise die Oberfläche des Holzes dünner oder glatter schnitzen, wobei die abfallenden Holzspäne nicht dicker als 2–3 mm sein sollten.

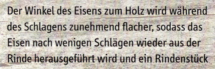

7 Säge dir aus Ästen vier 6 cm lange Beine, zwei 3 cm lange Ohren und einen 10 cm langen Schwanz zu. Wer einen Säbelzahntiger möchte, schnitzt zusätzlich zwei spitze Reißzähne.

8 Die Ohren schnitzt du spitz. Spitze die unteren Enden mit dem Messer ringsherum konisch zu und schlage sie mit dem Hammer in die vorgebohrten Löcher.

9 Jetzt kannst du den Räuber noch bemalen – Tiger oder Stubentiger? Säbelzahntiger!

Stammplatz

... mit edler Echse

1 Entrinde einen Teil des Stamms (siehe Seite 52).

2 Zeichne die Form des Geckos auf. Wenn du Unterstützung beim Zeichnen brauchst, dann kannst du die Vorlage von Seite 61 mit Kohlepapier durchpausen.

3 Nun schnitzt du mit dem Gaißfuß um das aufgemalte Tier herum. Setze dazu den Gaißfuß zunächst in einem 45° Winkel an. Sobald du nach den ersten Schlägen tief genug im Holz bist, sollte der Winkel flacher werden. Führe das Eisen wieder aus dem Holz heraus. Wenn du fast schon draußen bist, wird der Winkel wieder steiler. So macht dein Messer, wenn du es geschickt führst, eine Wellenbewegung. Die oberen Enden der V-Schneide des Gaißfußes sollte dabei nie im Holz verschwinden.

4 Arbeite nun das Holz um das Gecko herum mit dem Flacheisen etwa 1–2 cm tief heraus. Je tiefer und sauberer du es herausarbeitest, umso besser sieht es aus.

Tipp

Falls du weder Gaißfuß noch Hohleisen hast, kannst du den Stoppschnitt um das Gecko herum auch mit einem Flacheisen erreichen: Dazu schlägst du zunächst um das Tier herum viele kleine Stoppschnitte, indem du das Messer immer fast senkrecht vom Tier weg 5 mm tief in die Umrisslinie einschlägst.

> **Das brauchst du:**
> ✓ Baumstamm, ø 20–40 cm, 20–50 cm lang (Linde, Weide oder Pappel)
> ✓ ggf. Kohlepapier und Kugelschreiber
> ✓ Schraubzwinge
> ✓ Knüpfel
> ✓ Flacheisen
> ✓ Gaißfuß
> ✓ Hohleisen
> ✓ Acrylfarbe in Grün und Gelb, Wasser und Pinsel
>
> Vorlage Seite 61

5 Mit Acrylfarben kannst du das Gecko wetterfest bemalen. Die Augen werden gelb, die Echse selbst bekommt Segmente in verschiedenen Grüntönen.

55

Kassiopeia
süße Schildkröte

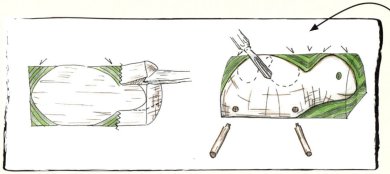

Mithilfe eines Gaißfußes schnitzt du die Panzermuster.

1 Halbiere ein Rundholz (siehe Seite 39), dazu benötigst du einen **Erwachsenen** und eine Axt.

2 Spanne das Holz in die Werkbank ein, zeichne den Kopf ein und säge quer zum Holz von beiden Seiten ein. Nun spalte von außen nach innen in kleinen Schritten das Holz bis zum Kopf weg.

3 Zeichne auf der Ober- und Unterseite die Form der Schildköte auf.

4 Runde mit dem Flacheisen alle Ecken zur Mitte des Holzes hin ab.

5 Spanne die Schildkröte mit dem Panzer nach oben hin ein und setzte zwischen Kopf und Rumpf eine V-Biberkerbe.

6 Runde auch ihr Hinterteil ab.

7 Zeichne ein einfaches Muster auf den Rücken des Panzers und schnitze es mit dem Gaißfuß heraus.

8 Bohre seitlich vier Löcher mit einem 8 mm-Bohrer in die Schildkröte ...

9 ... säge vier Beine zu, spitze diese etwas an und klopfe sie in die Löcher. Bemale deine Schildkröte kunterbunt.

56

Das brauchst du:
- ½ Rundholz, ø 8 cm, 12 cm lang (Linde, Weide oder Kastanie)
- 4 Zweige, ø 6 mm, 4 cm lang
- ggf. Wasserfarben, Wasser und Pinsel
- ggf. Axt
- Werkbank
- Knüpfel
- Flacheisen
- Gaißfuß
- Feinsäge
- Handbohrer, ø 8 mm

57

Piratenschmuck
Totenkopf deluxe

Für Augen- und Nasenlöcher benötigst du einen Gaißfußes.

5 Bohre seitlich des Kopfes vier Löcher mit Durchmesser 5 mm. Bohre ein weiteres quer durch den Schädel hindurch.

1 Übertrage die Vorlagenzeichnung von Seite 62 auf dein Holz. Spanne das Holz seitlich ein und säge bis zur angezeichneten Form.

3 Schnitze das Auge mit dem Hohlbohrer. Setze ihn dazu steil an, schlage ihn 3–5 mm tief ins Holz, ziehe ihn heraus, setze ihn erneut an, aber um eine Messerbreite versetzt und schlage wieder ebenso tief hinein. Wiederhole dies um das Auge rund herum. Nach und nach fallen die Späne heraus und es wird eine Augenhöhle sichtbar.

6 Entrinde zwei 10 cm lange Äste. Schnitze in die Enden jeweils eine V-Biberkerbe und rechts und links davon eine weitere. Halbiere die Äste – jetzt hast du vier Knochen.

2 Schlage mit Knüpfel und Flacheisen auf allen Seiten die Kerben und Rundungen des Schädels und der Kieferknochen aus dem Holz. Arbeite dabei zur Mitte hin.

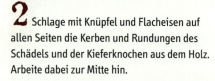

7 Trage Leim auf die Knochenenden auf und stecke sie in die vier seitlichen Bohrlöcher. Fädle die Lederkordeln durch das durchgängige Loch. Fertig ist der Piratenschmuck!

4 Für Nase und Zähne schlägst du jeweils erst einen Stoppschnitt quer zur Faserrichtung. Hast du das bei allen gemacht, schlägst du mit dem Gaißfuß vorsichtig zum Stoppschnitt hin und schon fällt der Zahn heraus.

Das brauchst du:
- Holz (Linde, Weide oder Birke), 15 cm x 5 cm
- Klappsäge
- Bleistift
- Schnitzmesser
- Schnitzkrake
- Knüpfel
- Hohlbohrer
- Gaißfuß
- Handbohrer, ø 5 mm
- Leim
- ggf. Lederkordel

Vorlage Seite 62

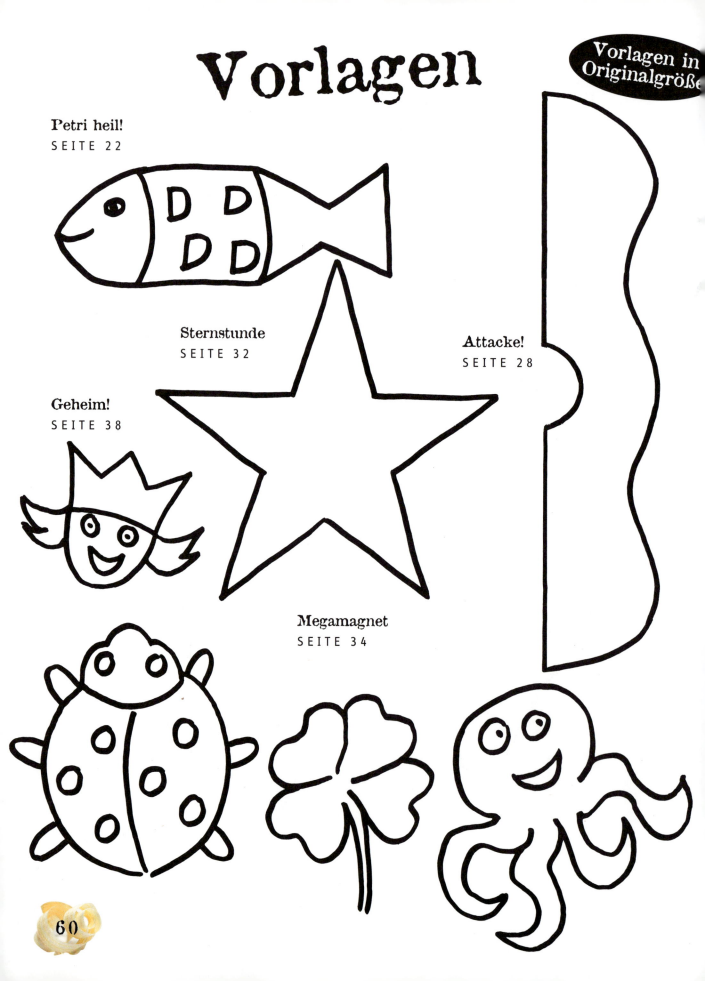

Stammplatz
SEITE 54

61

Piratenschmuck
SEITE 58

Torjäger
SEITE 44

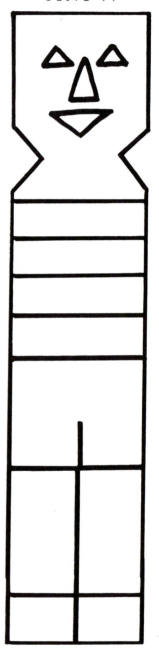

Raubkatzenalarm!
SEITE 50

Buchtipps für dich:

TOPP 5695
ISBN 978-3-7724-5695-4

TOPP 5961
ISBN 978-3-7724-5961-0

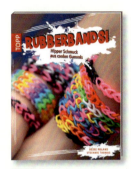

TOPP 4131
ISBN 978-3-7724-4131-8

TOPP 4153
ISBN 978-3-7724-4153-0

TOPP 5742
ISBN 978-3-7724-5742-5

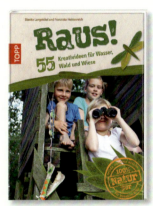

TOPP 5782
ISBN 978-3-7724-5782-1

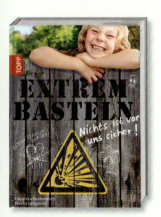

TOPP 5653
ISBN 978-3-7724-5653-1

TOPP 5679
ISBN 978-3-7724-5679-4

63

Sascha Kempter

wurde 1970 in Singen am Bodensee geboren, machte 1990 sein Abitur und besuchte 1992–95 die Schnitzschule Oberammergau. 1995 kam auch seine Tochter Lucia zur Welt. Seit 1995 ist Sascha Kempter als freischaffender Bildhauer und Künstler tätig. Seit 1997 kamen Schnitzkurse für Kinder hinzu. 2005 wurde er Dozent bei der Kinder- und Jugendkunstschule Palette, 2008 zudem Dozent an der Freien-Kunst-Akademie Augsburg. Seine Holzbildhauerei bescherte ihm 1999 den Kunstförderpreis Neusäss, 2004 Mering, Kunstpreis, 2. Platz, 2005 den Kunstförderpreis der Stadt Augsburg. Mehr Infos zu Schnitzkursen, Messern und zur Schnitzkrake sowie ein Bestellformular findest du auf Sascha Kempters Internetseite: www.schnitzkrake.de

DANKE! Wir danken Corvus, Kirchentellinsfurt, und Kirschen-Werkzuge, Remscheid für ihre Unterstützung mit Werkenzeugen in Kindergrößen.

www. corvus-toys.de
www.kirschen.de

Außerdem danken wir unseren großartigen Fotomodels: Noah, Berkay, Philip, Christian, Maximilian, Elisabeth, Svea, Christina, Dominik, Sarah, Kai, Kiara, Lisa, Rosina, Lukas, Tobias, Elissa und Timo. Das Lektorat dankt der Redaktionspraktikantin Jasmin Maucher.

KREATIV-HOTLINE

Hilfestellung zu allen Fragen, die Materialien und Bastelbücher betreffen: **Frau Erika Noll** berät Sie. Rufen Sie an oder schreiben Sie eine E-Mail!

Telefon: 0 50 52 / 91 18 58* E-Mail: mail@kreativ-service.info

*normale Telefongebühren

Impressum

FOTOS: frechverlag GmbH, 70499 Stuttgart; www.cgtextures.com geschälter Baumstamm #18380 (S.2 und 64), Holzschild #28903 (S.4, 10/11,18/19, 30/31,35, 42/43, 52), www.fotolia.com #29158502 (Wanja Jacob) Holzspan (S.3, 4, 6-9, 12, 14-16, 20, 22-26, 29, 32-34, 36, 37, 39, 40, 44/45, 47-49, 51, 53, 55-58, 60-64), lichtpunkt, Michael Ruder (Freisteller, Cover, Schmutztitel, Schmutztitel, S.10 unten links, 19 oben rechts, 21, 42 unten links, 50, 57, 58 unten, 59, Rücken), Sascha Kempter, Augsburg (S.4/5, 9 unten, 24 unten, 45) und frabauke, Frauke Wichmann, Augsburg (alle übrigen).

FILM: Severin Mitterwald
ILLUSTRATIONEN: Julia Wagner
PRODUKTMANAGEMENT: Anja Detzel
LAYOUT UND HERSTELLUNG: Katrin Röhlig, Eva Grimme
DRUCK UND BINDUNG: Neografia, Slowakei

Materialangaben und Arbeitshinweise in diesem Buch wurden von der Autor und den Mitarbeitern des Verlags sorgfältig geprüft. Eine Garantie wird jedoch nicht übernommen. Autor und Verlag können für eventuell auftretende Fehler oder Schäden nicht haftbar gemacht werden. Das Werk und die darin gezeigten Modelle sind urheberrechtlich geschützt. Die Vervielfältigung und Verbreitung ist, außer für private, nicht kommerzielle Zwecke, untersagt und wird zivil- und strafrechtlich verfolgt. Dies gilt insbesondere für eine Verbreitung des Werkes durch Fotokopien, Film, Funk und Fernsehen, elektronische Medien und Internet sowie für eine gewerbliche Nutzung der gezeigten Modelle. Bei Verwendung im Unterricht und in Kursen ist auf dieses Buch hinzuweisen.

1. Auflage 2014
© 2014 frechverlag GmbH, 70499 Stuttgart
ISBN 978-3-7724-5684-8 • Best.-Nr. 5684